AF440344

LA

QUESTION DU TONKIN

PAR

Wladimir GAGNEUR

PARIS

IMPRIMERIE WATTIER ET Cⁱᵉ

4, RUE DES DÉCHARGEURS, 4

—

1885

LA
QUESTION DU TONKIN

———

Avant d'aborder cette question, nous croyons devoir démontrer que le Droit des Gens moderne condamne absolument les guerres de conquête.

Pour faire cette démonstration, nous nous appuierons sur les vrais principes, les vraies traditions appelés à régir désormais, nous l'espérons du moins, les relations internationales.

I

La première République française a dressé une table de la loi indestructible, évangile du nouveau monde politique et social :

Liberté, Egalité, Fraternité !

La déclaration des Droits de l'homme.

Or, que dit dans le langage si condensé qui lui est propre, cette magnifique déclaration ?

« Art. 19. — L'établissement de l'armée appartient à la législature ; sa destination est la défense de l'Etat. »

En 1848, le gouvernement de l'Assemblée Nationale, adresse aux puissances étrangères une déclaration presque aussi sublime, qui renferme ces phrases presque aussi condensées :

« La guerre n'est pas le principe de la République Française, comme elle en devint la fatale et glorieuse nécessité en 1792. Revenir, après un demi-siècle, au principe de conquête de l'Empire, ce serait rétrograder dans le temps. Le monde et nous, nous voulons marcher à la fraternité et à la paix.

« ... Le peuple et la paix, c'est un même mot.

« ... La République Française n'intentera donc la guerre à personne. Il y a une responsabilité terrible à la France, si la République déclare elle-même la guerre, sans y être provoquée. »

Enfin dans la troisième République, je ne sache aucun manifeste de politique extérieure aussi magistral que que le discours de Gambetta à Lyon, en 1876, qu'oublient trop ses disciples, et d'où j'extrais les phrases suivantes :

« Il faut inspirer au monde cette conviction que la République française est une république ordonnée, pacifique, libérale, ayant renoncé absolument au prosélytisme, au cosmopolitisme, comprenant très bien qu'ailleurs les peuples sont maîtres chez eux et que la politique extérieure d'une République Française comporte, exige, impose la nécessité de respecter la constitution des autres peuples, quelle qu'elle soit.

« ... Ce que nous voulons, nous, c'est la paix au dehors, l'ordre et le travail au dedans. »

Puis, il blâme la politique impériale, « qui allait chercher, tantôt une querelle sur le Bas-Danube, tantôt une guerre à trois mille lieues de la patrie, au Mexique. »

Voilà donc les traditions augustes qui régissent désormais notre Droit des Gens.

A côté de ce grand souffle humanitaire, de cette large échappée sur l'avenir, combien nous paraît petit, rétrograde, anti-fraternel, anti-civilisateur, ce parti opportuniste, adversaire de la politique rigide des principes, inventeur de cette *politique* élastique *des résultats*, qui permet des *opinions successives*; inventeur aussi des réformes à faibles doses.

Comme il a toutes les timidités pour le progrès, il a toutes les audaces pour les aventures. Ne vient-il pas de proclamer cyniquement que la mission de la France est de *rayonner* et de *se grandir* par la guerre (1); de disséminer ses forces sur tous les points du globe ; de porter notre flotte dans les mers de Chine pour mieux protéger Marseille et Toulon d'abandonner cette politique mesquine du *pot au feu* ; d'envoyer d'un cœur léger les pauvres soldats, chair à canon prédestinée, se faire tuer ou empaler vivants pour de prétendus intérêts commerciaux qui ne les intéressent en rien, pour des *Pépites d'or* dont ils ne toucheront jamais un rouge liard ; de subjuguer enfin les *races inférieures*, selon le mot de M. Ferry, au lieu de les gagner par des bienfaits, comme notre *supériorité* même, la Fraternité, notre

---

(1) On sait que M. Ferry, dans une de ses affiches électorales en 1869, s'est élevé contre « les expéditions lointaines de l'Empire, » et que depuis il a dit : « La paix est le premier besoin et l'instinct profond de toute démocratie. »

nouvelle devise et notre devoir civilisateur nous en font une loi.

Je voudrais insister sur ce point important ; car il s'agit de savoir si la France, cette grande initiatrice de 1789 et de 1848, veut avancer ou reculer.

Nous allons, dites-vous, implanter la civilisation dans les contrées barbares.

Or, si je consulte tous nos grands dictionnaires, ce qui caractérise éminemment la civilisation, c'est, avec le progrès des lumières, l'adoucissement des mœurs, la prédominance du droit et de l'équité, la garantie accordée au faible contre le fort.

Le caractère topique est donc la Fraternité.

Or, est-ce par la guerre qu'on civilise et qu'on colonise ? Le guerrier, l'épée et la torche aux mains, ne peut que causer des ruines, imposer un joug détesté, provoquer des représailles et des revanches, développer enfin chez ces peuplades barbares, déjà si souvent n luttes avec leurs voisines, les passions militaires.

D'ailleurs, si ces peuplades que nous envahissons très iniquement, sont en réalité ce que nos Gouvernants appellent dédaigneusement : des *races inférieures*, ne devons-nous pas les traiter en mineures et les élever jusqu'à nous par l'attraction de notre civilisation supérieure, tutélaire et pacifique ?

C'est aux héros de la philantropie, aux missionnaires civils, comme M. de Brazza, que l'humanité devra la vraie propagande de la civilisation et du commerce, la conquête pacifique et scientifique des contrées barbares.

II

Maintenant qu'elles étaient les combinaisons qui devaient présider à une pareille guerre ?

Plus une expédition est lointaine, plus il faut, avant de l'entreprendre ou même de la continuer, en dégager toutes les inconnues : se rendre un compte exact d'abord des dispositions morales des populations, puis des résistances matérielles qu'elles opposeront, des forces militaires indispensables pour surmonter ces résistances, — forces qui ne peuvent arriver à trois mille lieues qu'après une longue traversée et dont la quotité ne doit jamais entamer notre mobilisation, ni compromettre notre sécurité intérieure. — Il faut en outre bien déterminer les limites et les charges ultérieures de l'occupation. On doit encore avoir étudié les richesses réelles du pays et la manière de les exploiter, les produits français qu'on peut y échanger avantageusement contre les produits indigènes, la quantité de familles émigrantes qu'on peut y installer, les rentrées éventuelles des douanes et des impôts : calculer en un mot les bénéfices en regard des dépenses.

Ce n'est pas tout : Il faut s'assurer, à chaque ouverture de crédit, d'une ressource budgétaire correspondante, dire toujours la vérité au pays, et surtout, avant d'engager ni guerre ni subsides, consulter, aux termes de la Constitution, notre Parlement.

Enfin il faut calculer les levains de haine et de vengeance qu'on déposera dans le cœur de ces peuplades iniquement envahies, pour longtemps appauvries.

Et quand on a bien établi toutes ces conditions, toutes ces prévisions, quand on s'est cru le droit de conquête dans des limites déterminées, au lieu de faire la guerre par *petits paquets*, — ce qui permet à l'ennemi de s'aguerrir, de se ravitailler, et de se fortifier, — au lieu d'ergoter sur un droit de *rétorsion*, de *gages*, de *représailles*, au lieu de mentir constamment en altérant les dépêches, au lieu de dire comme à Périgueux, le 16 avril : « Messieurs, la période militaire est terminée; » au lieu de répéter sans cesse : « Les généraux ne demandent plus de renforts, les subsides votés suffiront », il eût fallu, comme le voulait l'amiral Courbet, frapper un grand coup, pour terminer vite.

Mais vous n'avez pas osé frapper ce grand coup, parce que vous craigniez d'alarmer et de découvrir le pays en demandant de trop gros subsides et de trop grands armements, parce que surtout VOUS NE SAVIEZ PAS CE QUE VOUS VOULIEZ. Alors vous avez attendu chaque fois que les faits fussent accomplis, pour extorquer les crédits.

Ce ne sont donc pas, comme le prétendent les journaux Ferrystes, les adversaires de cette guerre qui en ont causé la prolongation, les dépenses excessives et les mécomptes.

Pour ma part, j'ai exposé dans la *République du Jura* du 5 janvier 1884 les trois motifs que j'avais de refuser les crédits, et je n'ai voté le 31 mars 1885 que le crédit de 50 millions avec la presque unanimité de la Chambre, que parce qu'il fallait avant tout arracher nos malheureux soldats aux conséquences de l'effroyable déroute de Lang-Son.

III

Examinons maintenant la conduite de M. Ferry.

Ce n'est pas par le *rayonnement* de la prévoyance que le ministre déchu et ses acolytes *sont grands à l'heure qu'il est.*

Selon son propre aveu et l'aveu de ses orateurs, il s'est laissé, en partie du moins, conduire par les événements.

La Chine, d'abord, cette nation de 400 millions d'hommes, lui a paru, ainsi qu'à M. Challemel-Lacour, « une quantité négligeable. » Et ils n'ont pas songé qu'en guerroyant contre elle, ils développeraient son esprit et ses forces militaires.

Puis, le 26 novembre, invité à étendre notre expédition hors du Delta et à occuper le nord du Tonkin, M. Ferry répondait :

« A ceux qui disent : Mais sortez de ce cercle, portez vos pas plus loin ! les hommes compétents répondront avec la plus grande netteté et la conviction la plus entière : Vous demandez une chose dont nous contestons l'intérêt. Comme frontières militaires défensives, celles que nous avons choisies valent toutes les frontières. Comme bases d'opérations militaires contre les Chinois, les points que vous indiquez sont absolument condamnés ; car ce serait une aute militaire de la plus haute gravité, un véritable danger que d'aller placer nos bases d'opérations à douze ou treize jours de nos centres d'approvisionnement. Il vaut mieux avoir le désert devant soi que de l'avoir à dos. »

Or, *les hommes compétents* avaient, au contraire, déconseillé de quitter le Delta et de se porter sur Lang-Son. Ainsi le général Campenon donnait en ces termes sa démission de ministre de la guerre pour ne pas aller à Lang-Son : « Que le Parlement se substitue à nous, qu'il nous indique les moyens d'aller à Lang-Son et nous lui fournirons les effectifs ; mais si la question ne se pose pas ainsi, je dois vous dire : choisissez un autre que moi ; je ne veux pas désorganiser l'armée ; il y a une limite que vous ne me ferez pas franchir. »

Et le général Millot, interrogé par la commission du Tonkin, lui répondait :

« Vous me donneriez 22,000 hommes que je ne marcherais pas sur Lang-Son ; les difficultés de transport sont trop grandes et l'expédition ne présente aucun intérêt. » — La jugez-vous possible ? demandait M. Granet. — Non, déclarait le général Millot ; il n'y a aucun moyen de communication et nos effectifs ne sont pas suffisants. »

Le général de Négrier écrivait de son côté au ministre de la guerre et déconseillait la marche sur Lang-Son : « Ce n'est pas, disait-il, un point stratégique ; plus j'étudie la question, et plus je trouve sage de se borner au Delta ; il faut un chemin de fer pour aller à Lang-Son. La route est semée de coupe-gorges et d'embuscades sous un soleil étouffant. Ou le chemin de fer de Lang-Son, ou pas de Lang-Son. »

A ce moment, M. Jules Ferry pensait justement qu'il ne fallait pas aller à Lang-Son. Qui donc a poussé à aller à Lang-Son? Ce n'est pas le général Campenon, puisque seul il n'a pas changé d'avis; mais est-ce le général Lewal ou le quai d'Orsay?

En tout cas, si M. Ferry, président du Conseil, n'a pas ordonné cette *faute militaire si grave*, cette *marche si dangereuse*, ne l'a-t-il pas du moins autorisée?

Mais il est un reproche plus grave encore que mérite M. Ferry.

Si vous consultez dans le rapport Leroy les polémiques entre les représentants de la France et ceux de la Chine, au sujet de la vraie portée du premier traité de paix de Tien-Tsin, vous conclurez de votre examen que ce traité était provisoire et suspensif plutôt que définitif, et qu'il renfermait de véritables obscurités au double point de vue de la délimitation des frontières — qui ne sont pas même encore délimitées, — et de l'époque de l'évacuation du Tonkin par les troupes chinoises.

Vous conclurez que la surprise de Bac-Lé, appelée *trahison* par la France et *malentendu* par la Chine, était l'une de ces questions qui ne se résolvent que par l'arbitrage.

Or, pourquoi M. Ferry a-t-il dit dans la séance de la commission du Tonkin, le 24 octobre 1884 :

« Il y a eu de la part des États-Unis, témoignage d'extrême bonne volonté. Il y a même eu sous forme officieuse et confidentielle, des offres d'arbitrage. Nous avons dû les repousser, parce qu'un arbitrage n'est pas la même chose qu'une médiation, et parce qu'après Bac-Lé nous ne saurions admettre la discussion sur le fond de notre droit. »

Cependant, la Chine avait mis aussi une extrême bonne volonté à accepter l'arbitrage, quoique la France lui demandât une indemnité et que se croyant lésée elle-même, elle n'en réclamât pas.

Quand vous intentez un procès ou choisissez des arbitres privés, surtout dans une question obscure de propriété, allez-vous dire au juge : « Je n'admets pas la discussion sur le fond de mon droit? « Puisqu'il n'y a pas encore possession, n'est-ce pas le droit lui-même de propriété ou de suzeraineté qui est à décider?

Or, de ce refus incroyable de M. Ferry sont nés toutes les complications ultérieures, la marche sur Lang-Son et la déroute, le siège si meurtrier de Tuyen-Quan qui a duré 30 jours et que M. Ferry a dissimulé, un crédit de deux cents millions, beaucoup de morts et des plus regrettables — sans compter ce brave amiral Courbet, mort de chagrin pour avoir servi « ces polichinelles », comme il les appelait ; — et finalement le second traité de paix de Tien-Tsin, conclu sans indemnité, moins favorable que le premier.

J'entends encore d'ici les huées des opportunistes, quand mes collègues Gaillard et Frédéric Passy reprochaient à Jules Ferry ce monstrueux refus.

J'entends encore les mêmes huées, quand Gaillard

l'accusait d'avoir empêché les treize puissances co-signataires de la conférence de Berlin de consulter les populations du Congo sur le droit de suzeraineté qu'on voulait exercer sur elles, et d'avoir fait substituer l'arbitrage facultatif à l'arbitrage obligatoire.

Depuis ce traité de paix, sommes-nous moins en guerre qu'auparavant? Des insurrections éclatent au Cambodge, dans l'Annam, et les Pavillons noirs, accrus des déserteurs chinois, n'ont pas désarmé.

Ce sont inévitablement de nouveaux sacrifices en hommes et en argent avant même que commence la période d'organisation.

Les opportunistes, pour atténuer leur responsabilité, s'évertuent à réduire le chiffre des morts et des millions dépensés ou engagés. Ils bornent le premier à 750. Mais à ce chiffre il faut ajouter :

Les hommes morts des suites de leurs blessures, sans compter les malades et les morts de maladies, qui sont très nombreuses à cause du choléra et du climat très meurtrier. Quant aux 180 millions seulement, sur 331, 647, 368 votés, qu'aurait coûtés cette guerre, êtes-vous bien sûr du chiffre? Ne négligez-vous pas à dessein les emprunts considérables faits à nos arsenaux et à nos magasins d'approvisionnement, l'usure faite à nos navires par deux années de guerre, les pensions de retraite aux blessés et aux familles des morts, les frais nouveaux de la guerre persistante?

IV

J'arrive enfin à la question commerciale, but officiel de cette expédition.

Un mot d'abord sur la colonisation.

Il y a deux sortes de colonies : 1º de peuplement; 2º de débouchés commerciaux.

Or, des premières nous n'avons nul besoin. Dans son récent rapport sur l'émigration, pour les années 1882, 1883 et 1884, le directeur de la sûreté générale, après avoir donné le faible chiffre de 4,162 comme la moyenne des émigrants français, ajoute : « L'émigration ne saurait être considérée chez nous comme l'écoulement naturel du trop plein de la population. » Et Waldeck-Rousseau n'a-t-il pas dit lui-même : « Le Français n'est pas disposé à quitter son pays, même pour l'Algérie qui n'est qu'à deux pas. Le Français n'est pas colonisateur. »

D'ailleurs, le Tonkin est très peuplé dans le Delta, la seule partie habitable. Ses cultivateurs et artisans se contentent d'un maigre salaire, insuffisant pour nos colons. Quant à créer des débouchés pour les produits de notre agriculture et surtout de notre industrie pléthorique, nous allons juger à l'œuvre votre fameuse *politique des résultats*.

Comment ! vous iriez chercher si loin des débouchés commerciaux quand il serait si facile d'écouler nos produits à l'intérieur, si les masses consommatrices n'étaient appauvries par l'élévation croissante des impôts, résultat de nos guerres lointaines.

Puis, vous avez à votre porte l'Algérie et la Tunisie, et un peu plus loin le Congo « pays salubre, fertile, habité par une population pacifique et dévouée à nos intérêts », (Rapport sur l'acte général de la Conférence de Berlin), le Congo qui, avec le Gabon dépasse la surface de la France.

Nos produits envoyés si loin, grevés de toutes les charges de la guerre, ne subiront-ils pas désavantageusement la concurrence des produits similaires de l'étranger : en sorte, comme l'ont si bien démontré Clémenceau et Pelletan « qu'au lieu de nous ouvrir de nouveaux marchés, nous nous les serons fermés ? »

Aussi les journaux les mieux informés et les plus opportunistes, comme *Le Temps*, présentent-ils un tableau sinistre de toutes les déceptions commerciales qui nous attendent.

Mais consultons les documents officiels eux-mêmes, les dépositions des ministres, généraux et ambassadeurs devant la commission du Tonkin. (Rapport Leroy.)

C'est le ministre de la marine qui dit : « Il est encore trop tôt pour se rendre compte des ressources et des produits du Tonkin. Actuellement ce produit est insignifiant. Il ne dépasserait pas 80 à 100,000 fr. par mois. »

C'est le ministre de la guerre qui dit, à son tour : « Chacun peut à son gré faire son roman ; mais personne n'a de données certaines. »

C'est le général Millot qui dépose : « Nous ne pouvons guère compter sur des ressources immédiates. Dix ans de souffrance ont épuisé le pays. C'est à peine s'il conviendra de commencer la perception des impôts l'année prochaine. Le Delta s'enrichira par la paix. Il nous donnera aussitôt que les ruines de la guerre seront réparées, un rendement considérable en impôts. Mais il n'offre aucun champ aux entreprises commerciales et industrielles de nos compatriotes, qui trouveront, au contraire, matière à s'exercer au-delà des limites du Delta. C'est là que sont les mines. » — Fort bien ; mais cette région qui s'étend entre le Delta et la Chine, c'est de l'aveu de M. Ferry, le désert. Il est vrai que le traité de paix stipule l'établissement d'un chemin de fer. Mais pour mieux nous démontrer déjà comment la Chine se dispose à nous traiter de « nation la plus favorisée, » ce chemin de fer et son emprunt, elle les donne à l'Angleterre et à l'Allemagne.

C'est enfin le rapporteur qui synthétise ainsi toutes ces dépositions : « Nous ne pouvons hasarder aucune prévision sur les ressources normales du Tonkin. »

Quant à l'Annam, le lieutenant Schillemans, détaché auprès du résident Champeaux, n'hésite pas à écrire à l'*Officiel* : « L'Annam ne présente pas d'avenir commercial. »

La climature n'y est guère plus favorable. Ecoutez le général Millot : « Le pays est insalubre jusqu'à Lang-Son. Les routes sont des sentiers ou des digues de rizières. Les opérations militaires ne peuvent durer que six mois chaque année. »

Pour me résumer : jusqu'ici qu'ont été et que seront nos exportations : beaucoup de millions, beaucoup de cadavres, beaucoup de fonctionnaires, comme en Cochinchine, et pas mal d'entreprises véreuses qui amorceront d'autant plus les gogos, qu' « a beau mentir qui vient de loin. »

Importation en France, et par contre-coup en Italie et en Espagne : Le Choléra.

Et voilà ce qu'on appelle triomphalement : « Un placement de bon père de famille » comme Rouher appelait l'expédition mexicaine, entreprise également à trois mille lieues : « la plus grande pensée du règne. »

Et c'est avec ces grands mots : honneur national, gloire militaire, prestige de la France, mots empruntés aux vocabulaires dynastiques, qu'on justifie l'égorgement, l'incendie et le pillage, quand le véritable honneur, le vrai prestige aux yeux des peuples, c'est, comme le voulait la sublime déclaration de 1848, et comme de Brazza vient de la pratiquer : l'expansion de la Paix, de la Justice et de la Fraternité dans le monde.

Si la guerre était sous la Monarchie : l'*ultima ratio regum*, n'est-elle pas sous la République : l'*ultima dolor populorum* ?

V

Maintenant, si vous me demandez ce qu'il faut faire du Tonkin, j'aperçois trois solutions, conforme au Droit des gens moderne, entre lesquelles le Gouvernement pourrait choisir.

1º *L'abandon*, si après sérieux examen, on trouve les sacrifices que demande l'occupation tonkinoise, supérieurs aux bénéfices, ainsi que vient de le faire le ministre anglais Gladstone, qui abandonne résolument le Soudan.

2º *Consultation de ces populations*, comme les treize puissances co-signataires du Congrès de Berlin, le proposaient à propos du partage du Congo ; comme l'Allemagne et l'Espagne devraient le faire au sujet des îles Carolines. Si ces populations acceptaient librement notre suzeraineté, nous pourrions en toute sécurité et en toute équité annexer le Tonkin et l'Annam à la Cochinchine.

3º *Neutralisation du Tonkin*, comme le Traité de Paris en 1856 a décrété la neutralité du Danube et de la mer Noire, la liberté pour les peuples des provinces danubiennes d'élire leurs chefs et l'obligation pour les Hautes parties contractantes de soumettre à un arbitrage les différends qui pourraient surgir entre elles.

Ce traité de 1856 nous fournirait de suffisantes indications.

Ces trois solutions seraient du moins en harmonie avec notre immortelle devise :

Liberté : c'est-à-dire droit des peuples à se gouverner eux-mêmes ;

Egalité : c'est-à-dire ni oppression, ni suprématie d'une race sur l'autre ;

Fraternité : c'est-à-dire liens affectifs entre les peuples comme entre les individus, et qui doit être comme le couronnement et la synthèse du progrès humanitaire.

WL. GAGNEUR, député sortant.

Paris. — Imp. Wattier et Cᵉ, 4, rue des Déchargeurs.